EL VÍA CRUCIS DEL MIGRANTE
The MIGRANT'S Way of the Cross

Compiled by Fr. Simon C. Kim, PhD
Editado por el P. Simon C. Kim, PhD

Liguori
ONE LIGUORI DRIVE
LIGUORI MO 63057-9999

Imprimi Potest:
Harry Grile, CSsR, Provincial
Denver Province, The Redemptorists

Published by Liguori Publications
Liguori, Missouri 63057

To order, call 800-325-9521
www.liguori.org

Cataloging-in-Publication Data on file with the Library of Congress

p ISBN 978-0-7648-2406-7
e ISBN 978-0-7648-6859-7

Photographs by **Encarni Pindado**, except for photos on these pages by
Fr. Simon C. Kim, PhD: front cover and pages 20-21, 40-41, and 68-69.

Liguori Publications, a nonprofit corporation, is an apostolate of
The Redemptorists. To learn more about The Redemptorists, visit
Redemptorists.com.

Printed in the United States of America
17 16 15 14 13 / 5 4 3 2 1
First Edition

Father Simon C. Kim's pastoral work with migrants extends from southern Mexico north to the U.S.-Canadian border.

Father Kim says, "I dedicate this book to my good friend Alejandro 'Jano' Solalinde, who teaches us how to walk daily with the poor and to live out the gospel: *'No one has greater love than this, to lay down one's life for one's friends.'*"

Ixtepec, Mexico. Fr. Simon C. Kim riding on top of the trains with migrants from Central America.

Ixtepec, México. P. Simon C. Kim encima del tren con emigrantes de Centroamérica.

CONTENTS

ÍNDICE

Tultitlán, Mexico. Migrants being deported back to Central America.

Tultitlán, México. Migrantes deportados a Centroamérica.

1st STATION
Jesus is condemned to death
Alexandra Fung

Reflection

Today, Jesus the Migrant is condemned more than 400,000 times each year within an overburdened, complex, and harsh immigration system that deports hundreds of thousands of immigrant men, women, and yes, even children, back to countries they may not know, or where they will face overwhelming poverty, abuse, persecution, and even death.

Some people believe that U.S. immigration enforcement efforts are aimed at deporting "criminal aliens": "others" who are dangerous and different and who do not belong among us. The reality is quite another story. An overwhelming majority of the men, women, and children who face removal proceedings are not charged with any criminal conduct but with simple violations of our complex and unduly harsh immigration laws. Often they have been living among us as our neighbors for many years, and deportation uproots them from the lives they have established in this country, forcing them to leave behind their families, their communities, and their livelihoods. Despite these severe, life-altering, and even life-threatening consequences, our brothers and sisters are forced to face this complex immigration system without any guarantee to a lawyer to defend and protect their rights, despite the overwhelming obstacles stacked against them.

They are often alone and voiceless, while too many remain silent in the midst of their suffering, and while many others purposefully inflame the anti-immigrant rhetoric in the public square. Like Jesus, they are condemned, without being guilty of any crime, with the crowds stirred up against them, and with no guarantee that anyone will stand up in their defense.

Iª ESTACIÓN
Jesús es condenado a muerte
Alexandra Fung

Reflexión

En nuestra época Jesús migrante es condenado más de 400,000 veces al año, en un sistema de inmigración sobrecargado, complejo y duro, que devuelve a sus lugares de origen a miles de hombres y mujeres. Incluso envía a los niños de vuelta a países desconocidos y a lugares donde tendrán que hacer frente a la pobreza, el abuso, la persecución y la muerte.

Algunas personas piensan que el esfuerzo por endurecer las leyes migratorias en Estados Unidos se dirige a deportar a "delincuentes extranjeros": peligrosos, distintos y ajenos a nosotros. Pero la realidad es distinta. Un elevado número de hombres, mujeres y niños que se enfrentan a un proceso de deportación no tienen ninguna culpa criminal, se trata de violaciones de las leyes de inmigración, complejas y excesivamente rígidas. A menudo, han sido nuestros vecinos durante años y la deportación los desarraiga de la vida que han desarrollado en este país, los obliga a dejar atrás a sus familias, a sus comunidades y a sus medios de subsistencia. A pesar de estos agravios, nuestros hermanos y hermanas se ven obligados a hacer frente a este complejo sistema de inmigración sin que se les garantice un siquiera un abogado defensor, una ayuda frente a tantos obstáculos.

Están solos, sin voz, mientras unos permanecen en silencio ante su sufrimiento y otros aumentan la retórica anti-inmigrante en la plaza pública. Como Jesús, se les condena sin ser culpables de ningún delito, se agita a las multitudes en contra de ellos, sin que nadie les asegure que los va a defender.

Prayer

Lord, help us to recognize you in our immigrant brothers and sisters, who every day face condemnation within a harsh, complex, and often unjust system of immigration laws and enforcement. Open our eyes and our hearts so that we may see them as you see them, and love them as you love them—these men, women, and children who risk losing everything, with no one to defend them and so many stirred up against them. Give us courage that we may speak up and not remain silent in the face of their suffering. And as they face condemnation let us not wash our hands of their fate, but rather give us the strength to walk alongside them and their families, united in love freely given through your own condemnation and death on the cross. Amen.

Oración

Señor, ayúdanos a reconocer en nuestros hermanos y hermanas inmigrantes, que cada día tienen que afrontar la condena de un sistema duro, complejo y, a veces, injusto. Abre nuestros ojos y nuestros corazones, para que podamos verlos como Tú los ves, amarlos como Tú los amas, a estos hombres, mujeres y niños que corren el riesgo de perderlo todo, sin contar con nadie que los defienda y con muchos opositores. Danos la fuerza para defenderlos, para no permanecer en silencio frente a su sufrimiento. Que no nos lavemos las manos ante su condena, sino que caminemos junto a ellos y sus familias, unidos por el amor, acompañándoles en su condena y muerte en la cruz. Amén.

2ND STATION
Jesus takes up his cross
Juan C. Macedo

Reflection

Like many in this world, I grew up surrounded by family and friends in a comfortable neighborhood. I was even one of the few fortunate ones to attend college overcoming many of life's difficulties and challenges. However, this was not enough. Since my hometown offered no relief, I found myself forced to leave the life I knew behind and face the harsh realities of the migrant's journey in search of work and better opportunities.

At first the only work offered to me involved driving a car filled with drugs from Los Angeles up north. Although this work involved a large sum of money and would ease my family's burdens, I resisted this temptation. For resisting, I was beaten up and had my life threatened. I believe God gave me the strength and protection once again to continue the migrant's journey. Three months later I finally found work as a strawberry sorter. The hard work and grueling hours didn't matter; what mattered most was that I now had a job and would soon be able to support my family, who urgently needed my income for food, schooling, and to pay bills.

Jesús con la cruz a cuestas

Juan C. Macedo

Reflexión

Crecí rodeado de mi familia y amigos en un barrio acomodado. Aún más, fui uno de los pocos afortunados que pudo estudiar en la universidad, sobreponiéndome a muchas dificultades y carencias. Sin embargo, no fue suficiente. Como en mi lugar de origen no podía superar las numerosas dificultades, me vi forzado a dejar la vida que conocía para afrontar la dura realidad que encuentran los inmigrantes que viajan en busca de trabajo y mejores oportunidades.

Al principio, el único trabajo que podría haber conseguido era el de conductor de un coche lleno de drogas, desde Los Ángeles hasta el norte del país. Aunque me proporcionaría una gran suma de dinero y aliviaría las necesidades de mi familia, resistí la tentación. Por rechazarlo, fui golpeado y amenazado de muerte. Dios me protegió, una vez más, para continuar el camino del inmigrante. Tres meses más tarde, encontré trabajo como clasificador de fresas. No importaba lo duro del trabajo, las horas agotadoras; tenía un trabajo y pronto podría mantener a mi familia, quien necesitaba con urgencia el dinero para alimento, educación y deudas pendientes.

Prayer

Dear Jesus, thank you for always being there for me and helping me carry my cross. Thank you for giving me the strength to not fall into temptation. I ask you to continue to give us strength and courage to help other migrants who may be going through difficult times. Amen.

Tenosique, Mexico. Fray Tomas, who works with migrants on the Guatemala-Mexico border, leading the Way of the Cross.

Oración

Querido Jesús, gracias por estar siempre a mi lado, ayudándome a cargar mi cruz. Gracias por darme la fortaleza para no caer en la tentación. Te pido que continúes dándonos esa fortaleza y coraje para poder ayudar a otros inmigrantes que, quizás en este mismo momento, están pasando por tiempos difíciles. Amén.

Tenosique, México. Fray Tomás, quien trabaja con migrantes en la frontera Guatemala-México, encabezando el Viacrucis.

3RD STATION
Jesus falls for the first time
Fr. Alejandro Solalinde

Reflection

The migrant Jesus loses strength. He is weighed down by hunger and thirst, but even the fact of being a migrant is overwhelming. Being a migrant is like being a felon, without actually being one; it's like being a fugitive, without having been imprisoned or having committed a crime. However, some would say that the crime was that of being poor. In his own land, he did not matter to anyone. No institution has done anything to prevent his departure. Suffocated by debt and violence, without opportunity and without future, he was forced out, leaving what was most dear to him: his family.

The cross is unbearable: the migrant finds no place anywhere; he is a good target for organized crime and he knows that if he reaches the United States, he will not be accepted or welcome there, either. Weakened by so much active and passive violence as a victim of racism and xenophobia, the migrant Jesus falls from the weight of the cross.

Jesús cae por primera vez

P. Alejandro Solalinde

Reflexión

Jesús inmigrante pierde fuerzas. Le pesan el hambre y la sed; pero le pesa sobre todo la condición de inmigrante. Ser inmigrante es como ser delincuente sin serlo; es como ser fugitivo, sin haber estado preso o haber cometido un delito. Algunos dicen que el delito fue ser pobre. A nadie importó en su propia tierra. Ninguna institución hizo algo para evitar su salida del país. Asfixiado por las deudas y la violencia; sin oportunidades, sin futuro, se vio obligado a partir, dejando lo más querido para él: su familia.

La cruz es insoportable: el inmigrante no encuentra su lugar en ningún sitio; es mercancía para la delincuencia organizada. Sabe que si logra llegar a Estados Unidos, tampoco allí lo recibirán, tampoco allí lo quieren. Debilitado por tanta violencia, violencia activa y violencia pasiva, como víctima del racismo y la xenofobia, Jesús inmigrante cae bajo el peso de la cruz.

Prayer

Lord Jesus, we are definitely blind. We do not see you in the migrants around us today. You identify yourself with the migrant people, but we do not believe you are there. Rather, we criminalize and exclude you; with our indifference and selfishness, we make the cross heavier. It takes faith to find your way among us, an opportunity for renewal of our spiritual and cultural values.

Forgive us for making the cross so heavy on your path. Forgive us for placing so many obstacles in your quest for better opportunities for the life of migrant families. Forgive us for making you fall into drugs and prostitution. Forgive us for not helping carry the heavy cross. Amen.

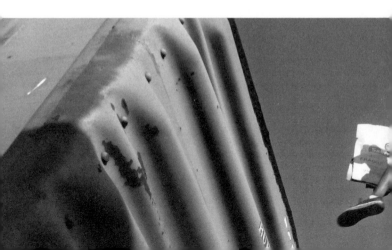

Oración

Señor Jesús, estamos ciegos. No te vemos en los inmigrantes que están a nuestro alrededor. Tú te identificas con el pueblo inmigrante, pero nosotros no creemos que estés ahí. Al contrario, te criminalizamos y excluimos. Con nuestra indiferencia y egoísmo, te hacemos más pesada la cruz. Dame fe para descubrir que tu paso entre nosotros es una oportunidad para renovar nuestros valores culturales y espirituales.

Perdónanos por hacer tan pesada tu cruz. Perdónanos por poner tantos tropiezos en la búsqueda de mejores oportunidades de vida para las familias de tantos inmigrantes. Perdónanos por hacerte caer en la droga y la prostitución. Perdónanos por no ayudarte a cargar tu pesada cruz. Amén.

Matías Romero, Mexico. A migrant jumps from car to car on a train heading north.

Matías Romero, México. Migrante salta de un vagón a otro en el tren que se dirige hacia el Norte.

4TH STATION
Jesus meets his Mother
Timothy Matovina, PhD

Reflection

How can we imagine the pain of Mary as she looks into the eyes of her innocent yet condemned son? His body is nearly broken, while her heart is pierced to the core. Today the mothers of migrants relive Mary's pain for their children. But in one way their pain is even more intense: Often they don't even know where their son or daughter is, or what has befallen them at the border, crossing the desert, or trying to find shelter in an unknown land.

Yet through it all the bond of love between mother and child can never be broken. Migrants who know the love of their mother know that they are never alone, no matter how far the physical distance that separates them from family and home. We see how Mary accompanies Jesus on his way of the cross, and Jesus accompanies Mary in her sorrow. We in turn know that as we walk with Mary and Jesus in their hour of greatest need, they too walk with us in every step of our journey that is this life on earth.

4ª ESTACIÓN
Jesús encuentra a su Madre
Timothy Matovina, PhD

Reflexión

¿Cómo imaginamos el dolor de María cuando mira a los ojos de su Hijo, inocente, y sin embargo, condenado? Su cuerpo está a punto de romperse, mientras su corazón está completamente traspasado de dolor. Las madres de los inmigrantes reviven el dolor de María, hacia sus hijos. De alguna manera, su dolor es aún más intenso: en ocasiones ni siquiera saben dónde está su hijo, ¿qué le ha ocurrido en la frontera, cruzando el desierto o buscando refugio en una tierra desconocida?

A pesar de todo, el lazo de amor entre madre e hijo no se rompe. Los inmigrantes que conocen el amor de su madre saben que nunca están solos, más allá de lo grande que sea la distancia física que los separa de la familia y el hogar. María acompaña a Jesús en su camino de cruz, y Jesús acompaña a María en su dolor. Sabemos que a medida que caminamos con María y Jesús en su hora de mayor necesidad, también ellos caminan con nosotros, en cada paso de nuestro viaje y de nuestra vida.

Prayer

Loving Jesus, your mother walked with you and strengthened you as you made your way to Calvary, and you in turn consoled her even amidst your pain and sorrow. Thank you for the gift of your mother Mary, present in the mothers of so many migrants today. Help migrants and all of us to strengthen the mother-child bond, even in the face of today's Calvary of migration that rips families apart. Strengthen all your sisters and brothers in the knowledge that, like you, we never walk our Calvary alone. Amen.

Veracruz, Mexico. A mother looking for her missing migrant daughter.

Oración

Amoroso Jesús, tu madre caminó contigo y te fortaleció en tu camino hacia el Calvario. Tú, a la vez, la consolaste, incluso en medio de tu dolor y tristeza. Gracias por el regalo de la Virgen, presente en las madres de muchos inmigrantes. Ayuda a los inmigrantes, y a todos nosotros, para que fortalezcamos el vínculo madre-hijo, incluso en el calvario de la inmigración, que hace sufrir a tantas familias. Fortalece a todos tus hermanos con el consuelo de saber que, como Tú, nunca recorremos solos el camino hacia nuestro calvario. Amén.

Veracruz, México. Una madre buscando a su hija migrante desaparecida.

Veracruz, Mexico. A woman gives food to a group of migrants who were stranded after a bridge collapsed.

Veracruz, México. Una mujer ofrece alimento a un grupo de migrantes varados por el derrumbe de un puente.

5TH STATION
Jesus is helped to carry his cross by Simon of Cyrene

Fr. Simon C. Kim, PhD

Reflection

As I accompanied the migrants from the shelter in southern Mexico back to the station to catch the night train north, my attention quickly turned to an elderly man because of the way he walked, stumbling from side to side. His poor eyesight caused him difficulties in the dark of night. His every step was awkward, taking twice as long as the others as he stumbled multiple times even with the railroad tracks to guide his every step. At first, I walked behind him, afraid he would fall or lose his way before I eventually summoned enough courage to grab his hand and walk with him the rest of the way. Knowing how dangerous it was to get on the trains even with good eyesight in the daytime, I was tempted to buy this grandfather from Central America a bus ticket north as he desired to reunite with his family. Many discouraged me from doing so because of the three immigration checkpoints before the next town. He would never make it very far by the safety and comfort of a bus. His only way as a migrant was to risk his life and board one of the freight trains often referred to as "The Beast" because of the physical and psychological toll it takes on the migrants. I guided him to the station and asked others to keep an eye on him for me. Many nodded, saying they would, but I left uncomforted.

How many times do we watch others who are forced to make perilous journeys without lending a hand because we are gripped by fear? How many times do our good intentions of helping others never become realized? When Simon helped Jesus carry the cross, it was not a voluntary act. He was forced to do so from the crowd. Regardless of whether it was voluntary or involuntary, one thing is certain: Simon of Cyrene left a different person that day after encountering Jesus and experiencing the weight of his cross. Today, we too have a wonderful opportunity to encounter Christ in migrants, to help carry Jesus' cross by assisting them in their journey, and to be radically changed by this event in our lives.

5ª ESTACIÓN
El Cirineo ayuda a Jesús a llevar la cruz
P. Simon C. Kim, PhD

Reflexión

Mientras acompañaba a la estación del tren a un grupo de migrantes del sur de México a tomar el tren de la noche, me llamó la atención un hombre de edad avanzada: caminaba dando tumbos de un lado a otro. Veía poco y esto le dificultaba caminar en la oscuridad. Cada paso era más difícil, tardaba el doble que los demás, aunque se guiaba por la vías del tran para no caerse se tropezó varias veces. Al inicio, caminé detrás de él temiendo que fuera a caerse o que perdiera el camino. Finalmente me armé del valor suficiente para tomarlo de la mano y recorrer así el resto del camino. Conociendo el peligro de subir a los trenes, incluso con una buena visión y durante el día, me sentí tentado a comprarle un billete de autobús. Muchos me disuadieron de hacerlo, debido a los tres puestos de control de inmigración antes de llegar a la próxima ciudad. No llegaría muy lejos en la seguridad y comodidad de un autobús. Como inmigrante, su única opción era la de arriesgar su vida y abordar uno de los trenes de mercancías, llamados comúnmente "La

Bestia" por los efectos físicos y psicológicos que causan a los inmigrantes. Lo guié a la estación y pedí a otros que lo cuidaran. Muchos asintieron con la cabeza diciendo que sí, pero no me quedé tranquilo.

¿Cuántas veces encontramos a otras personas que se ven obligadas a realizar un viaje peligroso sin ofrecerles una mano, porque somos presa del miedo? ¿Cuántas veces nuestras buenas intenciones de ayudar a los demás no se convierten en realidad? Cuando el Cirineo ayudó a Jesús a llevar la cruz, no fue un acto voluntario, se vio obligado a hacerlo. De todos modos, fue una persona diferente después de haberse encontrado con Jesús y haber experimentado el peso de su cruz. Nosotros también tenemos una maravillosa oportunidad para encontrar a Cristo en todos los inmigrantes, para ayudarle a llevar su cruz, ayudando a los inmigrantes en su camino y dejándonos cambiar por esta experiencia de cruz.

Prayer

Lord, forgive us when we fail to see Christ in the migrants and in those in need before us. Forgive us when we fail to lighten their burdens by walking with them and carrying their crosses. Most of all, forgive us when we lack courage, give in to fear, and allow our complacency and inactivity to add to the weight of the cross in this life. Amen.

Oración

Señor, perdónanos cuando no somos capaces de descubrirte en los inmigrantes y en los necesitados. Perdónanos cuando no somos capaces de aligerar sus cargas y caminar con ellos, llevando sus cruces. Perdónanos, sobre todo, cuando nos falta coraje, nos vence el miedo y permitimos que nuestra complacencia y pasividad agregue más peso a su cruz. Amén.

6TH STATION
Veronica wipes the face of Jesus
Mary Gilbert

Reflection

Veronica: Your eyes of faith lead you to leave the indifference of the crowd, drawing near to Jesus in his time of great agony. You humbly present your veil of compassion to Jesus, which wipes the precious blood from his holy face. Noticing that you are overcome by his woundedness, Jesus gazes back at you with such tenderness and gratitude. In return for this great act of kindness, he left you his most holy image not only imprinted on your veil, but upon the hearts of those who suffer.

Juan Diego: The miraculous image of Our Lady of Guadalupe on your tilma is an unquestionable display of God's love and mercy. Giving comfort and hope, Our Lady said to you, "Am I, your Mother, not here? Are you not under my protection?" The migrant clings to Our Lady's message of hope as lives are uprooted, families torn apart, and journeys begin to resemble the way of the cross. The migrant suffers as Christ suffered, only being relieved by the touch of Veronica's veil. Veronica's motherly approach to Jesus models Mary's message to Juan Diego.

6ª ESTACIÓN
La Verónica enjuga el rostro de Jesús
Mary Gilbert

Reflexión

Verónica, los ojos de la fe te conducen a salir de la indiferencia de la multitud, acercándote a Jesús en este momento de gran agonía. Humildemente presentas tu velo de compasión a Jesús y limpias la sangre preciosa de su santo rostro. Al darse cuenta de que estás abrumada por sus heridas, te mira con ternura y gratitud. A cambio de este gran acto de bondad, dejó impresa su imagen santísima no solo en el velo, sino también en los corazones de los que sufren.

Juan Diego: la imagen milagrosa de Nuestra Señora de Guadalupe en tu tilma es una muestra indiscutible del amor y la misericordia de Dios. Dando consuelo y esperanza, nuestra Señora te dijo: "¿No estoy yo aquí, que soy tu madre? ¿No estás bajo mi protección?" El inmigrante se aferra al mensaje de esperanza de Nuestra Señora cuando se le arranca la vida, ve rota su familia y los viajes comienzan a parecerse a un Vía crucis. El inmigrante sufre como Cristo, solo le alivia el velo de la Verónica. La acción maternal de la Verónica hacia Jesús es modelo del mensaje de María a Juan Diego.

Prayer

Jesus, give us the courage and the strength of your love to leave the crowd, our comfort, and our fears. Grant us the humility to wipe your face of compassion upon the face of the beloved migrant. Just as the image of Guadalupe is inscribed on Juan Diego's tilma, help the mission of the migrant to be embedded in our hearts. Help us to let down our veil so that we may recognize their inherent dignity and enter into direct kinship with our brothers and sisters in Christ. Amen.

Tenosique, Mexico. A group of migrants waits for the next cargo train heading north.

Tenosique, México. Grupo de migrantes esperando el siguiente tren de carga con dirección al Norte.

Oración

Jesús, danos la valentía y la fuerza de tu amor para salir de la multitud, de nuestra comodidad y nuestros temores. Danos la humildad para limpiar tu rostro en el rostro del inmigrante amado. Así como la imagen de Guadalupe está impresa en la tilma de Juan Diego, ayúdanos a que el rostro del inmigrante quede impreso en nuestros corazones. Ayúdanos a quitarnos el velo y que así podamos reconocer su dignidad intrínseca y confraternizar con nuestros hermanos y hermanas en Cristo. Amén.

7TH STATION
Jesus falls for the second time
Belma and Felipe Torres

Reflection

Jesus continues to suffer, and his resolve begins to weaken as he sees that the way uphill becomes even more difficult. Again, he feels the pain, humiliation, and loneliness in his attempt to support the weight of his cross, the burden he carries in order to redeem us and give us an opportunity to change our lives; he keeps moving, trying to avoid the jeers of the crowd and lashes from the soldiers.

Like Jesus, many migrants have walked through a painful road full of obstacles, humiliation, and suffering to give their families a better chance of life. However, many times the surrounding society is apathetic to their struggles and dreams, so that migrants have to work hard and gradually have less time and opportunity to give their family the better life they so yearned. They feel as if they have fallen a second time when they see that their children are also ridiculed, mocked, unwanted and stigmatized, and even more painful, to see them moving away from them while trying to find their own identity. Even so, these migrants continue to rise back up and continue their bitter struggle to try to make a better life for their children, regardless of their own pain and difficulties.

7ª ESTACIÓN
Jesús cae por segunda vez
Belma y Felipe Torres

Reflexión

Jesús continúa sufriendo. Su voluntad comienza a debilitarse a medida que el camino cuesta arriba se hace más difícil. Una vez más, Jesús siente el dolor, la humillación y la soledad en su lucha por llevar el peso de su cruz, cargada para redimirnos y ganarnos la gracia de la conversión. Sigue avanzando, tratando de superar las burlas de las multitudes y los golpes de los soldados.

Al igual que Jesús, muchos inmigrantes han recorrido un camino de dolor, lleno de obstáculos, humillaciones y sufrimientos, para dar a sus familias una oportunidad de mejorar. Sin embargo, muchas veces la sociedad que les rodea es apática ante sus luchas y sueños. Poco a poco tienen menos tiempo y posibilidad de dar a su familia ese bienestar que anhelan. Sienten que caen por segunda vez. Y ven que sus hijos son también ridiculizados, no deseados y estigmatizados, más doloroso aún, que se alejan de ellos buscando su propia identidad, vuelven a caer y se levantan, continúan en su dura lucha por una vida mejor para sus hijos, sin importar su propio dolor.

Prayer

Jesus, may the pain and humiliation that you accepted with so much love toward us inspire us to help those who have fallen and cannot find a helping hand to get up again and continue on their path. Allow us to see your face reflected in them so we are also able to sympathize with them in their struggles. How many times I've fallen and you raised me back up with love, you helped me without asking questions and without bias—give me the strength to do the same with my migrant brothers and sisters. Amen.

Lecheria, Mexico. An assaulted migrant finds shelter during his recovery. Many migrants are robbed and assaulted during their travels.

Oración

Jesús, que tu dolor y humillación aceptado con tanto amor por nosotros, nos inspiren para ayudar a aquellos que han caído y no encuentran un apoyo para levantarse nuevamente y continuar su duro camino. Que veamos tu rostro reflejado en ellos, y como el soldado que te mostró un poco de compasión, también nosotros nos solidaricemos con ellos en sus luchas. ¡Cuántas veces he caído y me has levantado con amor, me has ayudado -sin hacerme preguntas y sin prejuicios- y me has dado la fortaleza para hacer lo mismo con mis hermanos inmigrantes! Amén.

Lechería, México. Migrante víctima de un asalto descansa en un refugio mientras se recupera. A muchos migrantes los asaltan durante el viaje.

8TH STATION
Jesus meets the women of Jerusalem, who weep for him

Fr. Alejandro Solalinde

Reflection

On his way to Calvary, Jesus meets his female disciples who dared to go with him to Jerusalem. For days, they followed to see what was happening and how to help. Distressed and helpless, they futilely sought the other disciples and apostles to help them do something for their master.

Social pressure and the practice of lynching are strong in the times of Jesus and today against migrants. These women display true faith by standing up to authorities who condemn the innocent even in the name of God. However, their cries against injustice and appeal for clemency for those wrongly convicted go unheard because they are women and do not count in society.

Many women, like those who care for the migrants in Veracruz, go to meet you in the ordeal of the railroad tracks all the while challenging xenophobia and discrimination. Whether on the way of the cross or the path of the trains, women are still the ones reaching out to Jesus by alleviating the hunger and thirst of those in need.

8ª ESTACIÓN
Jesús encuentra a las mujeres de Jersusalén que lloran por él

P. Alejandro Solalinde

Reflexión

En su camino al Calvario, Jesús se encuentra con las mujeres que se atrevieron a ir con Él a Jerusalén. Lo siguieron para ver qué le sucedía y cómo podían ayudarlo. Afligidas, desamparadas, buscan inútilmente a los Apóstoles para que les ayuden a hacer algo por su Maestro.

La presión social y el linchamiento contra los migrantes son tan fuertes como en el tiempo de Jesús. Estas mujeres muestran su verdadera fe al desafiar a las autoridades que condenan a los inocentes, incluso en el nombre de Dios. Sin embargo, sus gritos contra la injusticia y la petición de indulto para los condenados injustamente no se escuchan porque son mujeres y no cuentan en la sociedad.

Muchas mujeres, como las que ayudan a los inmigrantes en Veracruz, van a tu encuentro en la dura prueba de las vías del tren a la vez que luchan contra la xenofobia y la discriminación. Ya sea en el camino de la cruz o en la ruta de los trenes, las mujeres siguen extendiendo sus manos a Jesús, aliviando el hambre y la sed de los necesitados.

Prayer

Jesus, meeting the women was probably the most difficult for you. You believed in them as disciples and always relied on them. Now these brave disciples left their homes and responsibilities to see how to help. Your love for them led you to think about their problems, a situation of hell filled with injustice and exclusion. You took the opportunity to be in solidarity with them by asking them not to weep. Continually you thank them for their supportive presence whether on the way of the cross or on the migrant's path. Amen.

Oración

Jesús, el encuentro con las mujeres quizás fue lo más difícil para ti. Tú creíste en ellas como seguidoras y en todo momento contaste con ellas. Ahora, estas valientes dejan sus casas y sus responsabilidades para ver cómo ayudarte. Tu cariño hacia ellas te llevó a pensar en sus problemas, en su situación injusta, de marginación. Tú te solidarizaste con ellas, pidiéndoles que no llorasen por ti. Les agradeces su presencia solidaria, ya sea en la cruz o en la ruta del inmigrante. Amén.

Left: Veracruz, Mexico. A member of Las Patronas gives food to migrants as a train passes by.

La izquierda: Veracruz, México. Una de "Las Patronas" ofreciendo alimento a los migrantes mientras pasa el tren.

9TH STATION
Jesus falls for the third time

Fr. Daniel G. Groody, CSC, PhD

Reflection

Walking the way of the migrant means walking the way of the cross, falling under the weight of injustice not once, twice, but many times. It means falling under the weight of others seeing me as an "illegal alien." It means hiding in the shadows of society and falling under the weight of marginalization. It means falling under the weight of economic poverty because my family at home stands in need of food, clothing, medicine, and shelter. It means carrying the heavy weight of loneliness because I find myself far from the ones I love. And now I look at the journey across the desert and realize I may die there, too, an agonizing, painful death. But even worse than dying is the fear that no one will be there, that no one will care, that I would be no one to anyone.

9ª ESTACIÓN
Jesús cae por tercera vez

P. Daniel G. Groody, CSC, PhD

Reflexión

Recorrer el camino del inmigrante significa recorrer el camino de la cruz, caer bajo el peso de la injusticia, no una, dos, tres, sino muchas veces. Significa que me miren como un "extranjero ilegal", esconderme en las sombras de la sociedad y caer bajo el peso de la marginación. Significa caer bajo el peso de la pobreza económica, porque mi familia, allá en mi hogar, se encuentra necesitada de alimentos, ropa, medicinas y refugio. Significa llevar el peso de la soledad, porque tengo que vivir lejos de quienes amo. En la travesía de este desierto me doy cuenta de que tal vez muera aquí, con una muerte agonizante y dolorosa. Pero peor que la muerte es el temor de que nadie estará allí, a nadie le importaré, seré "nadie para nadie".

Prayer

Lord, there are many things that weigh us down, but the most vulnerable among us seem to bear the heaviest burden of human sin. You entered into the weakness of our human condition in order to strengthen us in broken places and help us overcome all that threatens to destroy us. Forgive us the times that we have not lifted each other up but instead have found it easier to criticize, marginalize, and even dehumanize our migrant brothers and sisters. Help us to know the dignity of being children of God, and as we ask you to lift our burdens, so may we work together to lift the yoke of injustice from those who are suffering the most today. Amen.

Ixtepec, Mexico. A Honduran migrant recovers at a shelter after he fell from a freight train.

Ixtepec, México. Migrante hondureño se recupera de una caída del tren en un refugio.

Oración

Señor, hay muchas cosas que nos abruman, pero parece que los más vulnerables son aquellos que soportan la mayor carga del pecado del hombre. Tú entras en la debilidad de nuestra condición humana para fortalecernos en los lugares rotos y ayudarnos a superar todo lo que amenaza con destruirnos. Perdona las veces que no hemos levantado a los otros, porque es más fácil criticar, marginar e incluso deshumanizar a nuestro prójimo inmigrante. Ayúdanos a conocer la dignidad de ser hijos de Dios, cuando te pedimos ayuda para llevar nuestras cargas, para trabajar juntos por cargar el yugo de la injusticia de los más débiles de nuestro mundo. Amén.

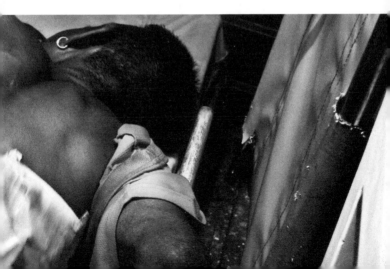

10TH STATION
Jesus is stripped of his garments

Timothy Matovina, PhD

Reflection

The soldiers strip Jesus of all that he has, the clothes on his back and the last shred of his dignity. Migrants share in this final indignation of Jesus. Coyotes, robbers, and even the officials who are supposed to protect them steal their money, their possessions, and their documents. Border agents and vigilantes drive them into the desert where they are drained of their last bits of food and water. Countless women are literally stripped of their garments in atrocities of rape, violation, and even murder. Unscrupulous employers deny migrants their just wages. The media and even supposed Christians strip them of their humanity by labeling them as criminals. At every step of their sojourn, migrants live in their own flesh the desolation of Jesus as his clothes are mercilessly ripped from him.

10ª ESTACIÓN
Jesús es despojado de sus vestiduras
Timothy Matovina, PhD

Reflexión

Los soldados despojan a Jesús de todo lo que tiene, su ropa y la poca dignidad que no le habían arrancado ya. Los inmigrantes comparten este despojo total que sufrió Jesús. Los «coyotes», los ladrones, y hasta los funcionarios que deberían de protegerlos, roban su dinero, sus posesiones y sus documentos. Los vigilantes y los agentes fronterizos los llevan al desierto, donde les quitan hasta sus últimos restos de comida y agua. Incontables mujeres son literalmente despojadas de sus ropas y atrozmente violadas, e incluso asesinadas. Patrones sin escrúpulos niegan a los inmigrantes su justo salario. Los medios de comunicación los despojan de su humanidad señalándolos como delincuentes. A cada paso viven en carne propia la desolación de Jesús, igual que cuando le arrancaron despiadadamente la ropa.

Prayer

Gracious God, you love the migrants who are stripped of their human dignity, as you loved your humiliated son Jesus. Heal the wounds of migrants just as you raised Jesus from the tomb of condemnation. Make us all agents of your justice to confront the forces that continue to strip Jesus through their inhumane treatment of migrants. May our horror at watching Jesus stripped of his garments convince us to resist the many ways Jesus is dishonored once again in the mistreatment of our migrant sisters and brothers. Amen.

Ixtepec, Mexico. A freight train full of migrants crosses a bridge while traveling from Arriaga, Mexico.

Oración

Dios misericordioso, que amas a tantos inmigrantes, despojados de su dignidad humana, con el mismo amor con que amaste a tu Hijo Jesús, humillado en la pasión y muerte en cruz. Sana las heridas de los inmigrantes con el mismo poder con que resucitaste a Jesús de la tumba. Que amemos y difundamos tu justicia, para hacer frente a las fuerzas que siguen despojando a Jesús en nuestros hermanos inmigrantes por el trato inhumano que reciben. Que nuestro horror al ver a Jesús despojado de sus vestiduras, nos mueva a luchar por los inmigrantes. Amén.

Ixtepec, México. Un tren lleno de migrantes cruzando el puente viniendo de Arriaga, México.

11TH STATION
Jesus is nailed to the cross

Robert Lassalle-Klein, PhD

Reflection

Jesus, the migrant, is nailed to the cross.

There are a billion migrants on the move across the planet, including many women desperate to save their children. Your little ones were hungry, so you left them brokenhearted with their grandmother in El Salvador. Traveling north, you were raped and robbed by criminals in Chiapas and forced into prostitution in Nogales to pay the coyote. After crossing the border, you walked for three days in the blazing desert sun carrying a convenience-store water bottle. So when the immigration patrol helicopter descended on your group, throwing sand in all directions and shattering your dreams, you fled into the desert, escaping capture, only to die of thirst. In your wallet were photos of your precious children, who will never know what happened to their mother.

You are one of the crucified people. You are Jesus nailed to the cross, the suffering servant, who died for the privilege of cleaning our motel room, desperate to save the lives of your children.

11ª ESTACIÓN
Jesús es clavado en la cruz

Robert Lassalle-Klein, PhD

Reflexión

Jesús inmigrante es clavado en la cruz. Hay mil millones de inmigrantes que se desplazan por todo el planeta, entre ellos muchas mujeres desesperadas por salvar a sus hijos. Tus pequeños tenían hambre; te viste obligada a dejarlos con su abuela en El Salvador. En tu viaje al Norte fuiste violada, te robaron en Chiapas y te obligaron a prostituirte en Nogales para pagar el «coyote». Después de cruzar la frontera, caminaste durante tres días bajo el ardiente sol del desierto, llevando tan solo una botella de agua. Cuando el helicóptero de la migra descendió sobre tu grupo, lanzando arena en todas direcciones y destrozando tus sueños, huiste al desierto, evitando ser capturada con la terrible perspectiva de morir de sed. En tu cartera estaban las fotos de tus preciosos hijos, que nunca sabrán qué le pasó a su madre.

Tú eres una crucificada más. Tú, clavada en la cruz, sierva sufriente, que moriste por salvar las vidas de tus hijos.

Prayer

Jesus, who will take you down from the cross?

Is it true that you must suffer and die for our sins? Is it true that our sin has placed you on the cross of poverty, robbed you of your future, sold your body for pleasure, and created a system that profits from stealing your labor?

Who will take you down from the cross, if not me? Yet I am too small and weak. Surely you didn't mean me when you said, "Amen, I say to you, what you did not do for one of these least ones, you did not do for me" (Matthew 25:45).

Open our hearts so that we might hear the cry of our crucified sisters and brothers and see that in their suffering, you are nailed to the cross. Forgive us for doing nothing, and show us the next step that you are calling us to take in this journey of small steps with you. Amen.

Oración

Jesús, ¿quien te bajará de la cruz? ¿Es verdad que sufriste y moriste por nuestros pecados? ¿Es verdad que nuestras ofensas te han colocado en la cruz de la pobreza, del robo de toda esperanza, en la cruz de quien tuvo que vender su cuerpo al placer y sufre los estragos de un sistema que se aprovecha de su trabajo?

¿Quién te bajará de la cruz, Señor, si no te bajo yo? Sin embargo, me veo demasiado pequeño y débil. Seguramente pensabas en mí cuando dijiste: "En verdad les digo: siempre que no lo hicieron con alguno de estos más pequeños, ustedes dejaron de hacérmelo a mí" (Mt. 25, 45).

Abre nuestros corazones para que podamos escuchar el grito de nuestros hermanos y hermanas, crucificados en la cruz de la inmigración. Que descubramos en su sufrimiento, que Tú eres clavado en la cruz. Perdónanos por no hacer nada y muéstranos el siguiente paso que debemos dar en tu seguimiento. Ayúdanos a caminar detrás de ti. Amén.

Fr. Alejandro Solalinde gives his Christmas blessing to Central American migrants at Hermanos en el camino shelter in Ixtepec, Mexico.

P. Alejandro Solalinde impartiendo la bendición a migrantes centroamericanos en el albergue Hermanos en el Camino, Ixtepec, México.

12TH STATION
Jesus dies on the cross

Fr. Virgilio Elizondo, STD, PhD

Reflection

"My God, my God, why have you abandoned me" is uttered thousands of times as migrants die in their attempts to come into a new country. Their bodies have been ripped apart by the thornbushes and cactus they have crawled through, the scourging desert sun has toasted their skin, their throats are completely dry without even a drop of saliva as they desperately struggle for their last breath. Like Jesus giving up the spirit, they painfully cry out: "It is finished." For the sake of their families and loved ones, they have sacrificed their lives so that others might have life.

12ª ESTACIÓN
Jesús muere en la cruz

P. Virgilio Elizondo, STD, PhD

Reflexión

"Dios mío, Dios mío, ¿por qué me has abandonado?" Oímos miles de veces noticias de inmigrantes que mueren en su intento de entrar a otro país. Sus cuerpos han sido destrozados por espinas y cactus del desierto, la flagelación del sol del desierto ha tostado su piel, sus gargantas están completamente secas. Desesperadamente luchan por mantener su último aliento. Igual que Jesús, cuando exhala su espíritu, también ellos gritan dolorosamente: "¡Se acabó!" Han sacrificado sus vidas por el bien de sus familias y seres queridos.

Prayer

(Moment of silence)

Lord Jesus, I painfully confess that my indifference to the suffering of others is one of the causes of their horrible deaths. Let me fill in my flesh and bones the pains of their struggles so that in union with your own passion and death I might share in their suffering for the sake of humanity. I beg for the grace that will open my eyes to the suffering of the poor and my ears to their cries. Fill my heart with compassion and give me the strength to speak up for the evils of our society that criminalize the innocent victims of migrants and condemn them to death for the misfortune of being poor and defenseless. Make me an instrument of peace and justice that the world might know that you are the God of life and love. Amen.

Sonora, Mexico. The three crosses represent the three southern states in which migrant deaths mostly occur on U.S. soil.

Oración

(Un momento de silencio)

Señor Jesús, confieso que mi indiferencia ante el sufrimiento ajeno es una de las causas de las horribles muertes de los inmigrantes. Déjame sentir en mi carne los dolores de sus luchas, para que, en unión con su pasión y muerte, pueda compartir su sufrimiento por el bien de la humanidad. Te pido que la gracia abra mis ojos ante el sufrimiento de los pobres; mis oídos, a sus gritos. Llena mi corazón de compasión y dame la fuerza para dar a conocer los males de esta sociedad que criminaliza a las víctimas inocentes de la inmigración y las condena a la muerte de la pobreza y la indiferencia. Hazme un instrumento de tu paz y justicia, para que el mundo sepa que Tú eres el Dios de la vida y el amor. Amén.

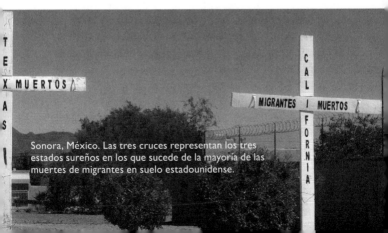

Sonora, México. Las tres cruces representan los tres estados sureños en los que sucede de la mayoría de las muertes de migrantes en suelo estadounidense.

13TH STATION
Jesus is taken down from the cross and given to his Mother

Fr. Daniel G. Groody, CSC, PhD

Reflection

Christian discipleship means being an agent of the resurrection by being in solidarity with those who are crucified today. Taking them down from the cross means working to change the systems, structures, attitudes, and mindsets that nail people to the cross of injustice, hatred, and discrimination. Like Jesus, migrants are crucified today because of disorders in our society and disorders in the human heart. Unjust trading systems, the continuing debt crisis, insufficient development aid, and flawed border policies, as well as xenophobia, racism, a fear of "the other" and dehumanizing stereotypes all contribute to what John Paul II referred to as "a culture of death." But amidst this culture of death are people who put water in the desert, give medical aid to those who are injured, and fight to keep migrants from losing their lives as they cross the harsh deserts. In helping take people off the cross of injustice, we seek to proclaim a God of life, build a civilization of love, and live in freedom as children of God.

13ª ESTACIÓN
Jesús es bajado de la cruz y entregado a su Madre

P. Daniel G. Groody, CSC, PhD

Reflexión

Seguir a Cristo significa ser testigo de la resurrección y sentir compasión por los crucificados de hoy. Bajarlos de la cruz significa cambiar los sistemas, estructuras, actitudes y modos de pensar que clavan a las personas en la cruz de la injusticia, el odio y la discriminación. Al igual que Jesús, los inmigrantes son crucificados. Sistemas injustos de comercio, deudas externas impagables, insuficiente ayuda al desarrollo y políticas erróneas de fronteras, xenofobia, racismo, miedo al "otro", estereotipos deshumanizantes y un largo etcétera contribuyen a lo que Juan Pablo II llamaba "cultura de la muerte". Pero en medio de esta cultura de la muerte hay personas que reparten agua en el desierto, dan ayuda médica a los heridos y luchan para evitar que los inmigrantes mueran en el duro desierto. Ayudando a sacar a estos inmigrantes de la cruz de la injusticia, buscan proclamar un Dios de vida, construir una civilización del amor y vivir en libertad como hijos de Dios.

Prayer

Lord, you migrated to us and laid down your life on a cross so that we could be reconciled to you and migrate back to our true homeland.

In this world you still migrate to us, often in hidden ways, especially among the broken, downtrodden, lost, and neglected. Open our eyes to see you in all we meet and open our hearts to welcome all who come looking for food, shelter, friendship, and a place to grow. Be with our migrant brothers and sisters who, like you, were told there is no room at the "inn," and are left to suffer in the cold. Give us generous hearts and a spirit of solidarity that helps us to take the migrants down from the cross before they have to die by offering water to the thirsty, food to the hungry, and help to the sick, naked, imprisoned, and estranged. Let our own lives mirror your goodness to us as we journey in hope to a homeland of justice, love, and peace. Amen.

Oración

Señor, Tú emigraste hacia nosotros y entregaste tu vida en una cruz para que pudiéramos reconciliarnos contigo; y cumplida tu misión, emigraste de nuevo a la patria eterna.

Vienes a nosotros en este mundo, oculto especialmente en los más necesitados, los oprimidos, los perdidos y abandonados. Abre nuestros ojos para descubrirte a nuestro alrededor y abre nuestros corazones para acoger a todos los que vienen en busca de comida, refugio, amistad y un lugar para vivir. Que estemos junto a nuestros hermanos y hermanas inmigrantes, a quienes se les dijo, como a ti en Belén, que no hay sitio en la "posada". Danos un corazón generoso y un espíritu de amor por el que bajemos a los inmigrantes de la cruz antes de que mueran en ella, que ese espíritu de amor nos lleve a ofrecerles agua, comida y asistencia a los que estén enfermos, desnudos, encarcelados o alejados de su hogar. Que nuestra vida refleje tu bondad para con ellos, con la esperanza de una patria de justicia, amor y paz. Amén.

Left: Coahuila, Mexico. Bishop Raul Vera, a great defender of human rights, has been talking publicly about the disappearance of migrants.

La izquierda: Coahuila, México. El obispo Raúl Vera, gran defensor de los derechos humanos, ha hablado públicamente de las desapariciones de migrantes.

Imperial Valley, California. Unmarked mass graves of migrants who died in the desert trying to cross the U.S.-Mexico border.

Imperial Valley, California. Fosas comunes con cuerpos de migrantes muertos a medio desierto tratando de cruzar la frontera entre México y Estados Unidos.

14TH STATION
Jesus is placed in the tomb

Maria G. Arroyo and Enrique Morones

Reflection

Angel exits a bus and enters the offices of the U.S. Border Patrol. These are his last moments in the U.S. as he is asked to partake in an exit interview. He has been deported. On the other side of the door is the border city of Tijuana, Mexico, his final destination and new home. He is in a group of 200 people, the average number deported daily to this mega border city. He surrenders as the feeling of permanence in the recent events that brought him to Tijuana replay in his mind. As he drove home to his family (wife and two children) from work, he was stopped by a city police checkpoint. He was turned into Immigration and Customs Enforcement (ICE) for not having a drivers license and immediately processed for deportation. He did not get the opportunity to say goodbye to his family. This all settles into his bones and he wants to cry. Angel was raised in the U.S., having arrived at the age of four with his parents. He does not know any Spanish, and although the culture is familiar it is also foreign. His entire family is in the U.S. He knows no one in this new country. He is scared and does not know what he is going to do. Many people, who, like Angel, have been deported in recent years, remain stuck in Tijuana, lose all hope, and fall victim to the cruel life of the streets. The streets and canals of the archdiocese become their tomb buried under the hunger, cold, and drugs that greet them each day.

Not all make it to their promised land of opportunity. Some reach their destination only to be turned back. Even worse, family members are separated in the land of their dreams, as in the case of Angel. Reasons for migration are endless, and such treacherous journeys will continue regardless of walls and increased border patrols. Instead of reducing the need for migration, we are contributing to the deaths occurring every day because of the harsh terrain more and more migrants must cross to reunite with their families. We have created many tombs along the border. Some 700 unidentified migrants buried in Holtville cemetery in the Imperial Valley silently testify to this. They must not be forgotten because we are all responsible for creating this tomb. May they rest in peace.

14ª ESTACIÓN
Jesús es colocado en el sepulcro

Maria G. Arroyo and Enrique Morones

Reflexión

Ángel baja de un autobús y entra en las oficinas de la patrulla fronteriza de los Estados Unidos. Son sus últimos momentos aquí, y se le pide que participe en una entrevista de salida. Ha sido deportado. Al otro lado de la puerta está la ciudad fronteriza de Tijuana, México, su destino final y nuevo hogar. Forma parte de un grupo de 200 personas, número medio de deportados diariamente a esta ciudad fronteriza. Crece el sentimiento de impotencia ante los acontecimientos que lo llevaron de regreso a Tijuana. Mientras viajaba a casa con su familia (esposa y dos hijos), fue detenido por un retén de la policía de la ciudad. Lo entregaron a la oficina de Inmigración y Control de Aduanas (ICE), pues no tenía licencia de conducir; inmediatamente se procedió a su deportación. No pudo despedirse de su familia. Se le cae el alma a los pies, tiene ganas de llorar.

Ángel vivía en los Estados Unidos desde los cuatro años. No sabe nada de español, y aunque la cultura le es familiar, no deja de resultarle extranjera. Toda su familia está en los Estados Unidos. No conoce a nadie en este nuevo país. Está asustado y no sabe qué hacer.

Muchos, como Ángel, han sido deportados durante los últimos años y continúan viviendo en Tijuana, sin esperanza, víctimas de la cruel vida de la calle. Calles y canales se convierten en sus tumbas, enterrados bajo el hambre, el frío y las drogas.

No todos llegan a "la tierra prometida". Algunos llegan a su destino solo para que los devuelvan a su país de origen. Peor aún, se rompen familias, como en el caso de Ángel. Hay muchas razones para la inmigración, y seguirá habiéndolas, independientemente de muros y patrullas fronterizas. En lugar de reducir la necesidad de emigrar, estamos contribuyendo a las muertes que se producen cuando obligamos a los inmigrantes a correr más riesgos. Cada vez más inmigrantes se ven obligados a cruzar las fronteras para reunirse con sus familias. Hemos creado muchas tumbas a lo largo de la frontera. En el cementerio de Holtville, en el Valle Imperial, por ejemplo, hay 700 inmigrantes no identificados. No podemos olvidarlos; todos somos responsables en cierta forma de estas muertes. Descansen en paz.

Prayer

Our story of salvation is a story of migration. Let us reflect for a moment in front of Jesus' tomb.

(Moment of silence)

Jesus, you also were a migrant walking from town to town speaking of and making manifest the kingdom of God. Forgive us for the moments when we have not offered proper hospitality, like Joseph offered you, to the migrants in our local and global communities. Forgive us for the moments we have pushed their presence to a tomb of despair. May we become awakened to the depths of the human experience, family loyalty, and courage of the migrant's journey embracing their hopes and gifts and the joy of your resurrection together! Amen.

Oración

Nuestra historia de salvación es una historia de migración. Reflexionemos por un momento frente a la tumba de Jesús.

(Un momento de silencio)

Señor, Tú también fuiste un inmigrante, caminaste de pueblo, en pueblo predicando y anunciando el Reino de Dios. Perdónanos por los momentos en los que no hemos ofrecido hospitalidad. Que nos acordemos de José ante el pueblo de Israel que acude a Egipto buscando alimento. Perdónanos por las veces que les hemos empujado hacia una tumba de desesperación. Que despertemos a las profundidades del corazón humano, la lealtad familiar y el valor del viaje del inmigrante, abrazando sus esperanzas y la alegría de resucitar juntos. Amén.

15TH STATION
Jesus is raised from the dead

Fr. Virgilio Elizondo, STD, PhD

Reflection

Everyone thought Jesus had failed miserably. He had given his life for others, but they had abandoned him to insult, disgrace, and death. But the power of his love, the infinite love of God made flesh in him, was so great that it could not be contained in a tomb. "You killed him, but God has raised him from the dead." The lives of the migrants who die on the journey are not in vain, for in God's mysterious ways their sacrifices are the very seeds that will bring new life into the world. Their sacrificed lives are the mustard seeds that will grow and blossom in ways unsuspected by society.

15ª ESTACIÓN
Jesús resucita de entre los muertos

P. Virgilio Elizondo, STD, PhD

Reflexión

Todo el mundo pensaba que Jesús había fracasado estrepitosamente. Había dado su vida por los demás, pero lo habían abandonado a los insultos, la desgracia y la muerte. El poder de su amor, el amor infinito de Dios hecho carne en Él, fue tan grande que no podía permanecer encerrado en una tumba. "Lo habéis matado, pero Dios lo ha resucitado de entre los muertos". La vida de los inmigrantes que mueren en el viaje no es un sinsentido. De forma misteriosa, sus sacrificios son las semillas que traerán una nueva vida al mundo. Sus vidas sacrificadas son la pequeña semilla de mostaza que va a crecer y florecer en formas insospechadas para el bien de la sociedad.

Prayer

Lord Jesus, there are so many things I do not understand and keep asking in my heart, "why?" Is there not an easier way? Did you really have to die on the cross? Do the migrants always have to undergo such drastic efforts and endure even death? They would not have to die if I and other Christians work to tear down the crosses of prejudice, violence, and hatred. Help me bring about this resurrection by dedicating myself to the works of justice so that innocent and defenseless migrants will not have to undergo death in their struggles for life. Amen.

Oración

Señor Jesús, hay tantas cosas que no entiendo y me pregunto su porqué en mi corazón ¿Por qué? ¿No hay una manera más fácil? ¿De verdad tenemos que morir en la cruz? ¿Los inmigrantes tienen que someterse a tales esfuerzos tan terribles y llegar incluso a la muerte? No tendrían que morir si yo, y los demás cristianos, trabajáramos para derribar las cruces de los prejuicios, la violencia y el odio. Ayúdame a llevar a cabo esta resurrección, dedicándome a obrar con justicia, para que los inmigrantes inocentes e indefensos no tengan que someterse a la muerte en su lucha por la vida. Amén.

Contributors

Alexandra Fung (page 8) is a legal advocate for detained migrants who are minors.

Juan C. Macedo (14) was forced to migrate due to violent situations in Mexico. Today he does whatever work is necessary to provide for his family and others who walk a similar journey.

Fr. Alejandro Solalinde (18, 42) founded Albergue Hermanos en el Camino in Southern Mexico and is an international defender of human rights.

Timothy Matovina, PhD (22, 50), is a leading scholar in Latino Catholicism reflecting on the lived faith experience of local communities in the U.S.

Mary Gilbert (34) works tirelessly on behalf of migrants in the Skagit Valley region and with the homeless population in the Greater Seattle area.

Belma and **Felipe Torres** (38) are first-generation Nicaraguans who have mentored many of the next generation of Latinos.

Fr. Daniel G. Groody, CSC, PhD (46, 64), is a renowned scholar on global immigration whose field work on the Southwestern borders of the U.S. and Mexico provide exceptional insights.

Robert Lassalle-Klein, PhD (54), is an esteemed scholar on the martyrs of El Salvador and reflects on the crucified people of Central America.

Fr. Virgilio Elizondo, STD, PhD (60, 76), is the Father of Hispanic/Latino Theology, and his life's work on mestizo theology allows us today to glean the richness when two worlds border one another.

Maria G. Arroyo (70) most recently worked at Catholic Relief Services (CRS) and in 2013 moved to Mexico to live in solidarity with the people of Chiapas.

Enrique Morones (70) founded Border Angels and works to stop unnecessary deaths of migrants in the desert.

Colaboradores

Alexandra Fung (el página 10) es defensor de oficio de migrantes con hijos menores de edad.

Juan C. Macedo (15) se vio obligado a emigrar por la violencia en México. Actualmente se dedica a cualquier trabajo que le ayude a mantener a su familia y a otros que han pasado por lo mismo.

P. Alejandro Solalinde (19, 43) es el fundador del albergue "Hermanos en el camino", al sur de México, y defensor internacional de los derechos humanos.

Timothy Matovina, PhD (23, 51), académico líder en el tema del catolicismo latino de las comunidades locales en los Estados Unidos.

Mary Gilbert (35) trabaja incansablemente en favor de los migrantes en la región del valle de Skagit y con la población sin hogar en el área de Seattle.

Belma y **Felipe Torres** (39) son inmigrantes nicaragüeños de primera generación que han orientado a varias generaciones de latinos.

P. Daniel G. Groody, CSC, PhD (47, 65), renombrado académico especialista en inmigración global cuyo trabajo de campo en las fronteras sur de Estados Unidos y México nos da un punto de vista excepcional del problema migratorio.

Robert Lassalle-Klein, PhD (55), es un estimado académico especialista en los mártires de El Salvador que además reflexiona en los pueblos crucificados de Centroamérica.

P. Virgilio Elizondo, STD, PhD (61, 77), es el padre de la teología hispano-latina, su tema vital es la teología mestiza que nos ayuda a intuir la riqueza de dos mundos unidos por la misma frontera.

Maria G. Arroyo (72) después de trabajar en *Catholic Relief Center*, en 2013 se cambió a México para vivir en solidaridad con la gente de Chiapas.

Enrique Morones (72) es el fundador de *Border Angels* que trabaja para disminuir el número de migrantes muertos en el desierto.

"Recorrer el camino del inmigrante significa recorrer el camino de la cruz, caer bajo el peso de la injusticia, no una, dos, tres, sino muchas veces." - Tomado de la reflexión sobre la novena estación de P. Daniel G. Groody, CSC, PhD

"Walking the way of the migrant means walking the way of the cross, falling under the weight of injustice not once, twice, but many times." - From the Ninth Station Reflection by Fr. Daniel G. Groody, CSC, PhD

Come face-to-face with the migrant Jesus in *El Vía Crucis: The Migrant's Way of the Cross* and understand more intimately the complex and perilous journey of all migrants.

Contributors include:

Fr. Virgilio Elizondo, STD, PhD
Fr. Daniel G. Groody, CSC, PhD
Robert Lassalle-Klein, PhD
Timothy Matovina, PhD
Fr. Alejandro Solalinde

Liguori

ONE LIGUORI DRIVE
LIGUORI MO 63057-9999

English/Español
Meditation/Prayer
ISBN 978-0-7648-2406-7
50000

9 780764 824067